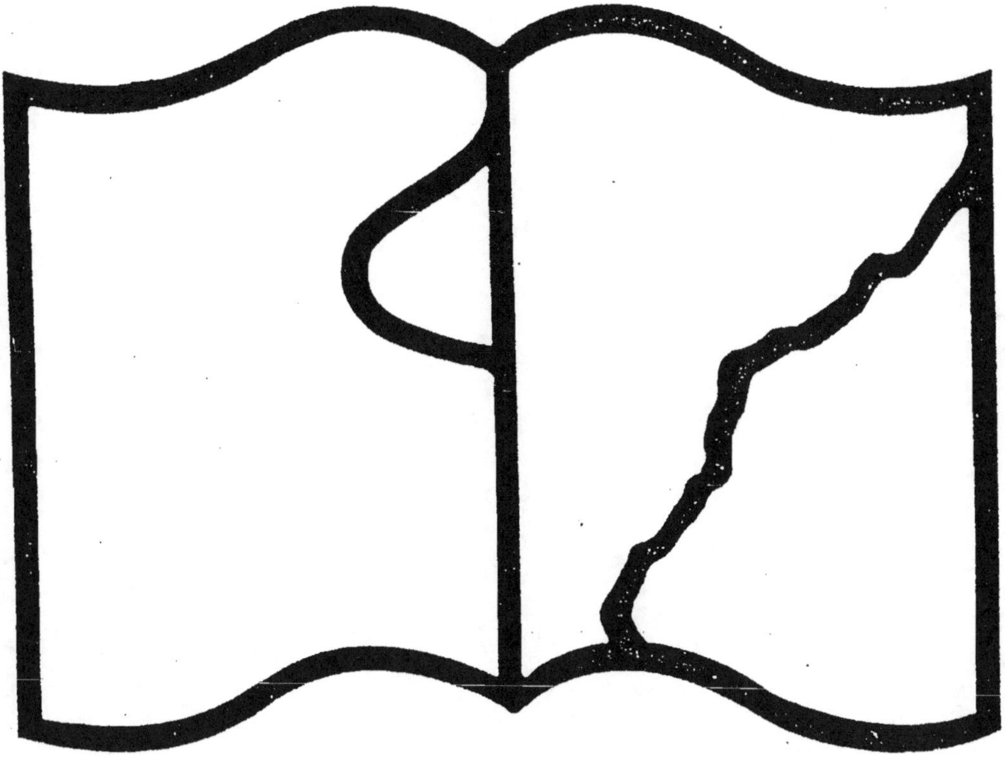

Texte détérioré — reliure défectueuse

NF Z 43-120-11

LE MAGASIN

THÉATRAL,

CHOIX DE PIÈCES NOUVELLES

JOUÉES SUR TOUS LES THÉATRES DE PARIS.

3ᵐᵉ Année.

Tome Troisième.

PARIS,

MARCHANT, Éditeur, Boulevart Saint-Martin, 12.

1836.

LE

MAGASIN THÉATRAL.

LE MAGASIN

THEATRAL,

CHOIX DE PIÈCES NOUVELLES

JOUÉES SUR LES THÉATRES DE PARIS.

Deuxième Année.

Tome Troisième.

PARIS,

MARCHANT, Éditeur, Boulevart Saint-Martin, 12;

BRUXELLES,

Aug. JOUHAUD, Passage de la Comédie, 9.

1835.

TABLE DES MATIÈRES.

MA FEMME ET MON PARAPLUIE,

VAUDEVILLE EN UN ACTE,

Par M. Laurencin,

Représenté pour la première fois, à Paris, sur le théâtre des Variétés,
le 23 juin 1834.

PERSONNAGES.	ACTEURS.	PERSONNAGES.	ACTEURS.
COQUARDON, ancien restaurateur.	M. Prosper Gothi.	PHILIBERT DUBOCAGE, entrepreneur de concerts en plein vent	M. Daudel.
IRÈNE, sa fille.	Mlle Georgin.	HONORÉ MAILLARD, neveu de Coquardon, et employé aux assurances.	M. Adrien.
SERINET, accordeur de pianos.	M. Vernet.		

La scène passe, à Paris, dans la maison de M. Coquardon.

Le théâtre représente un salon bourgeois. Porte et fenêtre au fond, donnant sur une cour; deux portes latérales, des chaises, fauteuils, une table et ce qu'il faut pour écrire.

SCÈNE I.

IRÈNE, COQUARDON.

Au lever du rideau, Irène est assise à gauche, occupée à broder; Coquardon est assis à droite, auprès de la table, et lit un journal.

COQUARDON. Oui, ma chère Irène, la nouvelle que j'ai reçue hier est confirmée par le journal de ce matin; ma jolie ferme de Crève-Cœur, près Beauvais, a été la proie des flammes.

IRÈNE. Ah! papa, c'est un bien grand malheur.

COQUARDON. Qu'en sais-tu? il ne faut jamais juger sur les apparences.

IRÈNE. Pourtant, papa, il me semblait qu'un incendie...

COQUARDON, *se levant.* N'insiste pas là-dessus, ou je vais m'impatienter... il est vrai que ça t'amuse. Par exemple, dans ce moment-ci, pourquoi n'es-tu pas à ton piano? je t'en ai acheté un; je t'ai donné un professeur à six francs par mois... mes moyens me le permettent; et malgré ça tu viens broder à côté de moi, qui suis mélomane jusqu'au bout des ongles.

IRÈNE. Mais je vous ai déjà dit que mon piano n'était plus d'accord.

Elle se lève.

COQUARDON. Qu'est-ce que ça fait? on ne touche que sur les notes justes; d'ailleurs rien ne t'empêche de le faire accorder.

IRÈNE. C'est mon intention, j'ai prié madame Duplan, qui demeure ici-dessus, de m'envoyer son accordeur, et justement il doit venir aujourd'hui chez elle.

COQUARDON. Eh bien, de peur qu'elle ne l'oublie, va lui rappeler sa promesse.

IRÈNE. Papa, je ne veux pas vous contrarier, l'incendie de votre ferme vous donne déjà assez d'humeur.

COQUARDON. Moi! tu ne me connais guère; d'abord, je puis supporter cette perte avec philosophie, mes moyens me le permettent; et puis la ferme est assurée par la compagnie du Soleil.

IRÈNE. Du Soleil! ça se trouve bien,

mon cousin Honoré est employé dans l'entreprise... et s'il pouvait vous être utile.

COQUARDON. Ma fille, ne me parlez jamais de ce jeune homme; il s'est permis de vous faire la cour, et vû l'état de ses finances, je l'ai prié de suspendre ses visites.

IRÈNE. Eh bien! papa, vous avez eu tort.

Air de la Robe et les Bottes.

Oui, mon cousin était fort agréable.

COQUARDON.

Non; de me plaire, il n'avait pas l' moyen.

IRÈNE.

Ça m'est égal; je le trouvais aimable.

COQUARDON.

On n' l'est jamais quand on n' possède rien.

IRÈNE.

Sa politesse était tendre et discrète,
Il me charmait par ses soins empressés.

COQUARDON.

Voilà l' malheur, il était trop honnête,
Et sa fortune ne l'était pas assez.

IRÈNE. Je suis sûre qu'il est fâché; nous ne l'avons pas vu depuis huit jours!

COQUARDON. C'est-à-dire qu'il est encore venu avant-hier; il trouve toujours des prétextes... mais en tout cas, ce n'est pas à la veille d'en épouser un autre que vous devez songer davantage...

Honoré paraît.

SCENE II.
Les Mêmes, HONORÉ.

IRÈNE, *à part*. Dieu! c'est lui!

COQUARDON, *à part*. Honoré! par quel hasard.

HONORÉ, *embarrassé*. C'est moi, M. Coquardon, c'est votre neveu, ne faites pas attention. (*A Irène.*) Ma cousine...

COQUARDON. M. Honoré, vous me voyez surpris, pour ne pas dire stupéfait. (*A Irène.*) Irène, montez chez madame Duplan, et voyez si son accordeur est arrivé.

IRÈNE, *à part*. C'est dommage, j'aurais bien voulu savoir...

COQUARDON. Allez, partez, dépêchez-vous!

Irène sort par le fond.

SCÈNE III.
HONORÉ, COQUARDON.

HONORÉ. Mon oncle, j'ai appris le sinistre dont vous êtes victime; votre incendie m'a percé le cœur, et comme je suis dans la partie, je viens vous offrir mes services.

COQUARDON. (*Il s'assied.*) Grace à Dieu, je n'en ai que faire, vous poussez trop loin l'obligeance.

HONORÉ. C'est dans le malheur que les amis doivent se montrer.

COQUARDON. Monsieur! ma propriété m'a coûté soixante mille francs, elle est assurée quatre-vingt mille, que la compagnie aura la complaisance de me payer; et moi, je répéterai le proverbe : « A quelque chose malheur est bon. »

HONORÉ. Mais, mon oncle, vous vous blousez cruellement, on ne vous paiera rien du tout.

COQUARDON. On ne me paiera rien?

HONORÉ. J'ai ai peur. On prétend que le feu a été mis à votre ferme par imprudence, négligence, ou défaut de surveillance, ce qui revient absolument au même; et dans ce cas-là, les assureurs peuvent vous brûler la politesse.

COQUARDON, *se levant*. Mais c'est épouvantable! c'est m'arracher le prix de mes sueurs! après avoir été trente ans restaurateur à vingt-deux sous, il faudra donc que je meure de faim, moi qui ai donné à tant de gens du pain à discrétion.

HONORÉ. Voilà l'ingratitude des hommes.

COQUARDON. Je ne le souffrirai pas... je plaiderai... j'y mangerai plutôt tout ce que je possède!... mes moyens me le permettent.

HONORÉ. Calmez-vous, M. Coquardon, ne vous faites pas de mal; rien n'est encore décidé; moi, j'ai quelque influence dans les bureaux, je ferai valoir vos droits, soyez tranquille.

Air de l'Ecu de six francs.

Oui, je prendrai votre défense,
Et j'y mettrai d' l'obstination,
J'ai des poumons et d' l'éloquence,
Il faudra qu'ils entend'nt raison,
Ou bien j'offre ma démission.
Je grond', je t'empête, je crie,
Et si je n' peux pas les toucher,
J'vous jur' bien qu' j'enverrai coucher
Le soleil et sa compagnie.

COQUARDON. Excellent jeune homme !.. ta conduite est gravée là... je ne t'en dis pas davantage !.. seulement, je te recommande le secret ; ne dis à personne que ma ferme est assurée, quelque chose qui arrive, je suis bien aise que mon gendre ne soit pas instruit...

HONORÉ. Votre gendre... M. Philibert, que j'ai aperçu chez vous deux ou trois fois ?

COQUARDON. Oui, mon ami, M. Philibert Dubocage, entrepreneur de concerts en plein vent ; un garçon aussi harmonieux que désintéressé ; il comptait sur une dot de trente à quarante mille francs, mais grâce à mon incendie, je tâcherai qu'il se contente de la motié.

HONORÉ. Ça suffit, je serait muet ; il est donc bien riche, ce monsieur Philibert ?

COQUARDON. Pas encore... mais avec l'argent que je lui ai prêté il le deviendra ; il va établir des concerts dans la banlieue... une idée magnifique, et qui doit réussir, surtout à Montmartre, où l'on est connaisseur.

HONORÉ. Et vous donnez votre fille à cet homme-là ? un musicien ambulant.

COQUARDON. Que veux-tu, mon ami ?.. j'aime la musique, je l'aime avec passion... mes moyens me le permettent.

SCÈNE IV.

Les Mêmes, SERINET.

SERINET, *entrant.* Au rez-de-chaussée, la porte à gauche, c'est bien ici.

HONORÉ. Voici quelqu'un, je retourne au bureau, venez m'y rejoindre dans une heure, avec votre police d'assurance.

SERINET. M. Coquardon, rentier ?..

COQUARDON. Je suis à vous dans l'instant. (*Serinet s'assied près de la porte.—A Honoré.*) Adieu, mon ami, je n'ai d'espérance qu'en toi.

HONORÉ. Comptez sur mon zèle.

Il sort

SCENE V.

COQUARDON, SERINET.

COQUARDON. Monsieur, qu'y a-t-il pour votre service ?

SERINET. J'ai demandé M. Coquardon, rentier.

COQUARDON. C'est moi, monsieur.

SERINET. Vous êtes M. Coquardon ?

COQUARDON. Oui, monsieur.

SERINET. Rentier ?

COQUARDON. Ça vous étonne ?

SERINET. Vous avez été restaurateur ?

COQUARDON. Oui, monsieur.

SERINET. A vingt deux sous ?

COQUARDON. Oui, monsieur.

SERINET. J'ai beaucoup mangé chez vous. (*Il soupire profondément.*) Ah ! Dieu !

COQUARDON. Vous soupirez.

SERINET. C'est de souvenir ; et vous êtes rentier ?

COQUARDON. Je m'en félicite.

SERINET, *avec amertume.* Si ce n'est pas ridicule !.. voilà un homme qui tenait un restaurant, qui donnait à manger, et il a fait fortune... tandis que moi, qui mangeais chez lui, qui consommais ses potages, ses trois plats au choix, et ses desserts, sans compter les supplémens, je n'ai rien, je suis dans la débine... (*A Coquardon.*) c'est humiliant, vous en conviendrez.

COQUARDON. En vérité, monsieur, vous me tenez un langage...

SERINET. Je vous tiens un langage. (*Se calmant.*) J'ai tort... excusez ; mon ame est aigrie par le malheur, je suis extrêmement taquiné.

COQUARDON, *àpart.* Ah ! je comprends, c'est un nécessiteux ; donnons lui dix sous pour m'en débarrasser. (*Il tire de l'argent de sa poche. — Haut.*) Mon bon ami, chacun a ses charges, je ne suis pas très riche, et pour le moment, voilà tout ce que mes moyens me permettent.

Il veut lui mettre l'argent dans la main.

SERINET. Dix sous !.. dix sous !.. est-ce pour m'humilier ?

COQUARDON. Il me serait impossible de donner davantage.

SERINET. (*Il a été reprendre son chapeau et sa boîte qu'il avait déposés sur la table.*) M. Coquardon, je ne vous veux pas de mal, mais si jamais je peux vous nuire... je ne vous dis pas adieu.

COQUARDON, *le retenant.* Arrêtez !.. que diable !.. moi, je ne vous connais pas, et si je savais qui vous êtes ?

SERINET. Qui je suis ?.. Serinet !.. accordeur de pianos, rue de la Harpe.

COQUARDON. Ah ! très bien, c'est madame Duplan qui vous envoie ?

SERINET. Elle-même.

COQUARDON. Il fallait donc le dire tout de suite.

SERINET. Je n'y ai pas songé en vous voyant. Votre figure m'a rappelé tant de choses... elle m'a surtout rappelé ma femme.

COQUARDON. Est-ce qu'elle me ressemblait?

SERINET. Vous! oh ça mais, dites donc! vous dites ça pour m'humilier?

COQUARDON. Non, ma foi, au contraire.

SERINET. Non, monsieur, non, elle ne vous ressemblait pas, heureusement; mais nous allions quelquefois dîner chez vous, le dimanche, quand nous voulions nous mettre en goguette.

COQUARDON. Ah! vous vous mettiez en goguette?

SERINET. Toujours, avec des supplémens... ma femme les aimait beaucoup, les supplémens... pauvre Adélaïde... ou plutôt scélérate d'Adélaïde, car.. je la regrette malgré moi.

COQUARDON. Il paraît que vous l'avez perdue?

SERINET. Non, monsieur, elle s'est perdue elle-même; mais ne parlons pas de ça (*Pleurant.*) Toutes les fois que je pense à elle, je pleure du sang.

COQUARDON. Vous pleurez du sang... c'est bien désagréable... Je vous plains sincèrement.

SERINET. Monsieur!.. je n'ai pas besoin qu'on me plaigne, je n'aime pas qu'on me plaigne, ça me vexe qu'on me plaigne.

COQUARDON. N'en parlons plus. Aussi bien, je suis un peu pressé, je voudrais que le piano de ma fille fût raccomodé tout de suite; nous signons ce soir son contrat de mariage, c'est une occasion de montrer son talent.

SERINET. J'ai entendu parler de ce mariage; nous en jasions ce matin avec la bonne de madame Duplan, qui cause très bien; elle dit du mal de tout le monde; j'aime beaucoup à jaser avec elle.

COQUARDON. Voyez-vous ça.

SERINET. Elle prétend que votre fille n'aime pas son futur, M. Philibert Dubocage, et qu'elle a une idée pour un autre jeune homme, son cousin Honoré; je dis ça, moi, je ne les connais ni l'un ni l'autre, mais il n'y a pas de mal; encore une qui tournera comme Adélaïde.

COQUARDON. C'est ce que nous verrons... mais il ne s'agit pas de ça, j'ai une course à faire, et comme il va pleuvoir...

SERINET, *vivement.* Vous croyez qu'il va pleuvoir.

COQUARDON. Je ne serais pas fâché de sortir avant l'averse.

SERINET. Et dire que je ne connais pas le scélérat qui me l'a enlevé.

COQUARDON. Qui ça?

SERINET. Mon parapluie!

COQUARDON. Son parapluie, à présent.

SERINET. Il faut qu'il y ait un complot contre moi!.. un homme que je n'ai jamais vu... eh bien! monsieur, il me l'a détourné.

COQUARDON. Qui ça?

SERINET. Laïde!

COQUARDON. Laïde?

SERINET. Elle se nomme Adélaïde, mais moi je l'appelle Laïde, mon épouse légitime... une femme toute jeune, ainsi qu'un parapluie recouvert à neuf de la veille. Dix-neuf ans, cheveux blonds, bouche de rose, et un nez... ah! monsieur quel nez!.. je voulais lui en faire faire une ombrelle.

COQUARDON. De quoi?

SERINET. De mon parapluie!.. un vrai rifflard, qui me venait de mon père; l'infâme me les a ravis tous les deux.

COQUARDON. A la bonne heure; mais permettez-moi de vous faire observer...

SERINET, *vivement.* Vous ne me croyez pas?.. c'est aussi vrai que ce jour-là il pleuvait des ruisseaux, et que je suis rentré pour prendre le parapluie dont je me plains; mais bernique!.. plus de parapluie, plus d'Adélaïde!.. c'est fait pour moi ces choses-là.

COQUARDON. Mon bon ami, il n'est pas question.

SERINET, *plus vivement.* Mais, monsieur, voilà où est le crime. Tous les jours on enlève une femme, c'est très bien; on vous a peut-être enlevé la vôtre, c'est possible!.. mais on ne vous a pas pris votre parapluie... voilà où est le crime!.. Une femme, ce n'est pas un vol, mais un parapluie, c'est un vol... voilà où est le crime!..

COQUARDON. Ah! si vous ne m'écoutez pas.

SERINET. Et la preuve de ce que j'avance, c'est ce billet que je vais vous montrer... (*Il fouille dans sa poche.*) Non, je ne l'ai pas sur moi, mais j'en ai retenu toutes les expressions, qui sont conçues en ces termes: « Belle Adélaïde, séchez vos chagrins; » demain, sur le coup de deux heures, » j'irai vous arracher à votre tyran pour » vous conduire où vous savez. »

COQUARDON. Eh bien! où ça?

SERINET. Comment?

COQUARDON. Je dis: où ça?

SERINET. Où ça? est-ce que je le sais!.. un billet sans signature; au point que j'étais comme un fou, comme une hirondelle; je me précipite dans la rue, je cours chez tous mes amis et connaissances, et je donne le signalement le plus exact: cotonnade bleue, manche recourbé, avec une tête d'autruche... dont un œil de moins en émail. Personne n'avait vu mon parapluie.

COQUARDON. Et votre épouse?

SERINET. Mon épouse, c'est différent, je n'en ai plus entendu parler; et vous ne voulez pas que j'abhorre le genre humain?.. mais vous, M. Coquardon, vous qui ne m'avez rien fait, je vous déteste; et moi, qui vous parle, je ne peux pas me sentir, surtout les jours de pluie.

Air : *de Lantara.*

Des mortels, que la foudre écrase!
Les catastrophes, me font rir', j'en conviens;
J'aim' qu'on les coup', quand on les rase,
J'aime à les voir mordre par un gros chien,
Quand on leur poche un œil, je dis : très bien!
Et l'on prétend que l'homme est mon semblable...
Non, non, vraiment, je l'exècre en tous lieux,
Dans un château comme dans une étable
O genre humain, tu me fais mal aux yeux.
De loin, je te trouve effroyable
Se rapprochant de Coquardon, dont il s'était éloigné.
De près tu me parais hideux;
De loin, de près, tu m'parais fastidieux.

COQUARDON. Ecoutez-moi, et réfléchissez un peu; car enfin, pourquoi êtes vous venu chez moi?.. pour raccomoder un piano, je suis désolé de vous en faire souvenir.

SERINET. Ça suffit, monsieur, je vois où vous voulez en venir; où est-il votre parapluie?

COQUARDON. Hein?

SERINET. Non; votre piano?

COQUARDON, *lui montrant la porte à gauche.* Là, dans cette chambre!.. n'épargnez rien pour le remettre en état; je ne regarde pas au prix, monsieur Serinet.

SERINET. C'est bien; il est inutile de m'humilier.

COQUARDON, *à part.* Quel original.

SERINET, *à part.* Vieil égoïste, vieil escroc, vieil empoisonneur, vieux fricasseur de champignons.

Il entre dans la chambre en bougonnant.

SCÈNE VI.

COQUARDON, *puis* PHILIBERT.

COQUARDON. Qu'est-ce qu'il dit?.. qu'est-ce qu'il dit? j'ai cru qu'il ne s'en irait jamais. Bon!.. voilà qu'il pleut à verse; il faut pourtant que je me rende au bureau

d'assurance. Allons, je prendrai une voiture; mes moyens me le permettent.

PHILIBERT, *entrant par le fond, et fermant le parapluie.* Bonjour, papa Coquardon.

COQUARDON. C'est vous, Philibert; à pied, par le temps qu'il fait.

PHILIBERT. Je sors de chez moi; et j'étais si pressé d'offrir un bouquet à ma charmante future... (*Il montre le bouquet.*) que je me suis contenté du modeste parapluie; où diable vais-je le mettre?.. il est tellement imbibé...

COQUARDON. Donnez-le-moi; j'ai là, dans mon cabinet, une chose... vous savez... de ces machines en bronze, je vais l'y placer.

Il entre à droite.

PHILIBERT. Vous m'obligerez. (*A part.*) C'est singulier, il ne paraît pas plus triste qu'à l'ordinaire; c'est un faux bruit; j'en étais sûr.

COQUARDON, *revenant.* Eh bien! mon gendre, comment va la musique?

PHILIBERT. Mieux que jamais, beau-père; le siècle est décidément musical, nous devenons mélodieux : le Français né malin créa le cornet à piston, qui est d'invention germanique.

COQUARDON. Oui, je sais; un instrument en cuivre.

PHILIBERT. On fait de l'or avec ça.

COQUARDON. Tant mieux; fais-en vite, et beaucoup.

Air : *Un homme pour faire un tableau.*

Dépêche-toi d'en profiter!..
Car la fortune est bien rebelle,
Mon cher, tâche de l'arrêter.
PHILIBERT.
Il vaut mieux marcher avec elle.
COQUARDON.
Il faut la saisir aux cheveux.
PHILIBERT.
O brutalité sans pareille!
Plus délicat et plus heureux,
Moi, je la conduis par l'oreille.

COQUARDON. A la bonne heure; mais pince-la fort.

PHILIBERT. Rassurez-vous, j'ai là des plans, des projets d'une étendue... Vous ne savez pas, beau-père, tout ce que j'ai dans la tête... j'ai des millions dans la tête!.. par exemple, il faut de l'argent à cause des frais, des dépenses... et je viens vous prier de m'avancer encore un millier d'écus.

COQUARDON. Désolé, mon cher Philibert, désolé, je suis moi-même dans une situation...

PHILIBERT. Comment!.. ce que j'ai lu ce matin dans un journal... votre ferme de Crève-Cœur...

COQUARDON. Il n'est que trop vrai, mon pauvre ami, consumée par l'élément du feu!

PHILIBERT, *à part.* Ah! Diable!

Il remet son bouquet en poche.

COQUARDON. Et tu sens que la dot de ma fille en souffrira un peu.

PHILIBERT. Permettez, beau-père...moi, je comptais... vous m'aviez donné l'espérance...

COQUARDON. Garde-la l'espérance, garde-la toujours; je ne veux pas te reprendre ce que je t'ai donné; mais, moi, je ne peux pas non plus me réduire à rien; et puisque tu as des millions dans la tête, tu ne dois pas tenir à vingt mille francs de plus ou de moins.

PHILIBERT, *à part.* Vingt mille francs, comme il y va.

COQUARDON. Est-ce que tu verrais des difficultés.

PHILIBERT. Du tout, beau-père, du tout! un homme comme moi, un artiste!..

COQUARDON. C'est ce que je me disais; ainsi, nous signerons toujours le contrat ce soir.

PHILIBERT. Vous allez au-devant de mes vœux.

COQUARDON. Ce cher Philibert!.. tu dînes avec nous; attends-moi ici, j'ai à faire une course importante, mais ma fille va descendre, et je crois que sa société te plaît au moins autant que la mienne, gaillard.

PHILIBERT. Ne vous gênez pas, beau-père; je ne m'impatiente jamais quand je suis seul.

COQUARDON, *en sortant.* Je serai de retour avant une heure.

◦◦◦◦◦◦◦◦◦◦◦◦◦◦◦◦◦◦◦◦◦◦◦◦◦◦◦◦◦◦◦◦◦◦◦◦◦◦

SCÈNE VII.

PHILIBERT, *seul.*

Que le diable l'emporte!.. me voilà bien; je comptais sur une dot de trente mille francs au moins, c'était ronflant!.. c'était musical!.. et il parle d'en retrancher vingt, reste à dix; que j'ai déjà touchés, que j'ai reçus d'avance... et il croit que j'épouserai sa fille: c'est qu'en effet ce mariage me convenait, je m'étais arrangé pour ça; pas plus tard que ce matin, j'ai rompu avec cette petite Adélaïde; je viens de la renvoyer chez elle, chez son mari!.. à ce qu'elle dit du moins; elle prétend qu'elle est mariée, c'est une manière de se faire valoir. Eh bien! j'ai eu tort, car, certainement, je n'épouserai pas la petite Coquardon; et pourtant, si je la refuse, le beau-père sera furieux, il exigera le remboursement de ce qu'il m'a prêté, et je n'ai pas le sou .. il faudrait pour bien faire que le refus vînt de lui!.. il faudrait!.. Oh! une idée!.. une idée double-croche!.. le beau-père ne connaît pas mon écriture; une lettre anonyme. que j'écrirai moi-même; bien méchante, bien affreuse... c'est facile, je me connais, je n'aurai pas besoin d'inventer.

Air : *Filles à qui on dit un secret.*

> Buveur, joueur et libertin,
> Sans foi, ni loi, dans mainte affaire...
> Mauvais sujet, sans morale et sans frein...
> Cœur dépravé, tête légère...
> Impertinent, et menteur effronté...
> Cela suffit... la liste est respectable,
> Si je disais toute la vérité,
> Ça paraîtrait invraisemblable.
> Si je disais la vérité,
> Ça serait trop invraisemblable.

Écrivons!.. (*Il se met à la table et écrit.*) « J'apprends, monsieur, que vous êtes sur » le point d'unir mademoiselle votre fille...

Il continue à écrire. Serinet sort du cabinet.

◦◦◦◦◦◦◦◦◦◦◦◦◦◦◦◦◦◦◦◦ ◦◦◦◦◦◦◦◦◦◦◦◦◦◦◦◦◦◦◦◦

SCÈNE VIII.

SERINET, PHILIBERT.

SERINET. Ces choses-là arrivent toujours quand on est pressé, voilà deux mi-bémols que je casse de suite; il faut que j'aille en chercher d'autres.

PHILIBERT, *l'apercevant.* Diable! je n'étais pas seul.

SERINET. Heureusement, il y a un luthier pas bien loin. (*Il se retourne et aperçoit Philibert.*) Tiens!.. qu'est-ce que c'est que celui-là?

PHILIBERT, *à part.* Je n'ai jamais vu cette tête-là ici; c'est sans doute un nouveau domestique.

Il se remet à écrire.

SERINET. Serait-ce le prétendu de la demoiselle, ou bien son cousin?.. il a assez la figure d'un cousin; il est vrai qu'il a aussi la figure d'un prétendu; à moins que ce ne soit une autre personne, car il en a aussi la figure...

PHILIBERT, *pliant sa lettre.* Voilà qui est fait.

SERINET, *s'approchant de la fenêtre.* Voyons s'il pleut toujours.

PHILIBERT. A présent, mettons l'adresse.

SERINET. Il brouillasse encore pas mal... n'importe, je n'ai pas le temps d'attendre.

Il va pour sortir.

PHILIBERT. Dites-moi, mon ami?

SERINET. Son ami!

PHILIBERT. Pourriez-vous m'indiquer une petite poste dans les environs?

SERINET, *avec humeur.* Il y en a une en face du luthier, où je vais moi-même.

PHILIBERT. Ah! vous y allez; est-ce bien loin?

SERINET. Au bout de la rue.

PHILIBERT. C'est qu'elle est un peu longue, et s'il continue à pleuvoir...

SERINET. Mais oui, ça tombe assez dru !

PHILIBERT. Diable! c'est contrariant, et cette lettre qui est pressée ..

SERINET. Je vois ce que c'est, vous craignez l'eau; vous craignez d'être mouillé; (*Avec mépris.*) voilà bien les hommes!.. donnez-la-moi, votre lettre, je la jeterai dans la boîte en passant.

Il prend la lettre des mains de Philibert.

PHILIBERT. Un instant, un instant; vous êtes peut-être de la maison?

SERINET. Hein!.. Monsieur, je ne suis d'aucune maison, je n'ai pas de maison; c'est la première fois que je viens dans ce logis.

PHILIBERT. A la bonne heure, je puis sans danger profiter de votre obligeance, et même, au besoin, je pourrais vous prêter un parapluie.

SERINET. Vous en avez un?.. moi, je n'en ai plus; mais on peut s'en passer à la rigueur.

Il s'en va.

PHILIBERT. Sans doute, quand on a rien à gâter.

SERINET, *sur le seuil de la porte.* Rien à gâter!.. vous dites ça pour m'humilier.

PHILIBERT. Ah! ça, qu'est-ce qui vous prend?

SERINET, *revenant à Philibert.* Il me prend... il me prend l'envie de vous rendre votre griffonnage; mais non, je vous ferai voir qu'on est moins grossier que vous!.. gardez-le votre parapluie, je n'en veux pas de votre parapluie, j'en ai peut-être eu plus que vous des parapluies !

Il s'en va

PHILIBERT. Mais, en vérité, mon cher...

SERINET, *se retournant.* Votre cher!.. votre cher!.. laissez-moi donc tranquille; vous me faites rire avec votre para-

pluie! (*Haussant les épaules.*) Son parapluie.

Il sort en bougonnant

⬤⬤⬤⬤⬤⬤⬤⬤⬤⬤⬤⬤⬤⬤⬤⬤⬤⬤⬤⬤⬤⬤⬤⬤⬤⬤⬤

SCÈNE IX.

PHILIBERT, *puis* IRÈNE.

PHILIBERT. Quel singulier corps!.. j'ai cru qu'il allait me chercher querelle à propos de... parapluie; mais n'en disons pas de mal, il me rend service; grâce à lui, je puis, avant de sortir, causer avec ma prétendue et la préparer adroitement à la rupture que je médite!.. La voici, attention.

IRÈNE, *entrant par le fond.* Est-il vrai, monsieur, que vous ayez à me parler?.. mon père prétend que vous désirez me voir.

PHILIBERT. Je le désire toujours, charmante Irène; malheureusement, je crains qu'il n'en soit pas de même de votre côté.

IRÈNE. Monsieur, je ne crois pas vous avoir fait penser que votre présence me fût désagréable.

PHILIBERT. Non; mais, malgré vous, je m'en suis aperçu; un autre, plus fortuné que moi...

IRÈNE. Un autre?.. que voulez-vous dire ?

Honoré paraît.

PHILIBERT. Vous me le demandez ?.. votre cousin, que voici, pourra vous répondre.

IRÈNE. Honoré!..

PHILIBERT. Entrez donc, M. Honoré, entrez donc.

⬤⬤⬤⬤⬤⬤⬤⬤⬤⬤⬤⬤⬤⬤⬤⬤⬤⬤⬤⬤⬤⬤⬤⬤⬤⬤⬤

SCÈNE X.

Les Mêmes, HONORÉ.

HONORÉ, *à part.* Que je déteste cet homme-là !

PHILIBERT, *à Irène.* Maintenant je serais de trop ici, sans doute.

HONORÉ, *s'avançant.* Que dites-vous, monsieur?

PHILIBERT. Rien; je dois me taire; mais il est des secrets qui ne m'ont point échappé; non, mes amis, vous ne me connaissez pas; moi, Philibert, protecteur naturel de l'harmonie et des accords champêtres, je désunirais deux cœurs faits l'un pour l'autre... jamais!..

Air *Epoux imprudens, fils rebelle.*

S'il le faut, je me sacrifie...
Je veux, pour vous, être un ange gardien.
Plutôt mourir, plutôt... perdre la vie

Que de briser un si tendre lien...
Votre bonheur fera le mien.
N'ayez pour moi nulle reconnaissance...
Adieu ! je pars... O douce émotion !..
Quand je vous fuis... une telle action
Porte avec soi sa récompense !

(*Brusquement.*) J'ai bien l'honneur de vous saluer.

Il sort précipitamment.

SCÈNE XII.

IRÈNE, HONORÉ.

HONORÉ. Que signifie ?.. Y comprenez-vous quelque chose, ma cousine ?

IRÈNE. Mais oui, mon cousin, je crois comprendre.

HONORÉ Et quoi donc ?

IRÈNE. Dam !.. il sait sans doute que vous m'avez fait la cour.

HONORÉ. Il sait que je vous aime, et vous croyez qu'il serait assez généreux...

IRÈNE. Du moins, il en a l'air.

HONORÉ. Ah! ce serait un beau trait !.. et voilà l'espérance qui me revient, mais c'est qu'elle me revient, elle me revient, c'est étonnant.

IRÈNE. Vous allez trop vite; il y a encore bien des obstacles.

HONORÉ. Et lesquels ?.. vous, peut-être ?.. je ne vous conviens plus, vous m'avez oublié.

IRÈNE. Sans parler de moi, je crois que papa ne consentira jamais; vous connaissez sa tête.

HONORÉ. Oh! j'espère bien le faire changer d'idée.

IRÈNE. Vous aurez de la peine.

HONORÉ. D'abord, je lui apporte d'excellentes nouvelles, des nouvelles qui le feront rire.

IRÈNE. Vraiment ?.. alors je commence à espérer aussi.

HONORÉ. Qu'entends-je ?. vous m'aimez donc... ô céleste cousine !

Il lui baise la main.

SERINET, *ouvrant la porte du fond.* Ah !

HONORÉ *et* IRÈNE. Dieu! quelqu'un !

Ils se sauvent; Irène, à gauche, Honoré, à droite.

SCÈNE XIII.

SERINET, *seul.*

Il paraît que j'ai effarouché les amours... c'est la petite Coquardon, je l'ai bien reconnue. Elle se laisse déjà embrasser la main par un jeune homme, avant d'être mariée, c'est aller un peu vîte !.. apprenez donc le piano aux demoiselles !.. Mais à propos de jeune homme, celui qui m'a confié cette lettre est un fameux monomane. Au moment de la mettre à la poste, j'ai eu la présence d'esprit de regarder l'adresse, machinalement... et qu'est-ce que j'ai lu ? monsieur Coquardon, propriétaire, rue Saint-André-des-Arcs, 24; c'est bien le Coquardon ci-inclus; et sans approfondir la chose, j'ai pensé que je pouvais lui remettre le billet moi-même... ça ne m'était pas plus onéreux, puisque je rapporte deux mi-bémols, et du moins il n'aura pas à payer le facteur; car, tel est mon caractère ! je déteste le genre humain, mais je lui épargne trois sous de port de lettre, toutes les fois que ça ne me coûte rien !

SCÈNE XIV.

SERINET, COQUARDON.

COQUARDON, *sans le voir.* Je n'ai pas trouvé mon neveu à son bureau.

SERINET. Bon ! le voilà !

COQUARDON. Il est sans doute en course pour mon affaire.

SERINET. Monsieur Coquardon.

COQUARDON. Ah! c'est vous, monsieur Serinet, le piano est-il en état?

SERINET. Non, pas encore... un accident... ces choses-là n'arrivent qu'à moi... mais ce n'est pas ça, voici une lettre dont on m'a chargé pour vous.

COQUARDON, *prenant la lettre.* Une lettre !.. de mon neveu ?

SERINET. Peut-être bien !.. j'ai eu comme une idée que c'était lui.

COQUARDON. Un air de famille.

SERINET. Un air bête.

COQUARDON, *décachetant la lettre.* C'est ça; ne me trouvant pas, il m'aura laissé un mot !.. (*Il essaie de lire.*) «J'ap... j'ap... Hum! quel diable de griffonage !.. je ne reconnais pas là mon neveu; impossible de déchiffrer une syllabe, regardez plutôt.

Il lui passe la lettre.

SERINET. En effet, on croirait que c'est écrit par une mouche qui s'est laissée tomber dans l'encre.

COQUARDON. Voyons la signature.

SERINET. Il n'y en a pas.

COQUARDON. C'est bien singulier.

SERINET. Je crois pourtant que je viendrai à bout de lire ce fouilli. (*Lisant.*)

» J'apprends, monsieur, que vous êtes sur
« le point d'uni... » (*S'interrompant.*) C'est
drôle, il me semble que j'ai vu cette écri-
ture-là sur un autre bout de papier.

COQUARDON. Eh bien! vous êtes arrêté
tout court.

SERINET. Je poursuis. » Sur le point
» d'u... ah! d'unir... sur le point d'unir
» mademoiselle votre fille à M. Philibert
» Dubocage. Je dois vous pré... dieu!
» comme c'est écrit! Je dois vous prévenir
» qu'il est libertin, mauvais sujet, dissipa-
» teur. »

COQUARDON. Quelle atroce calomnie!..
cependant ce serait bien possible.

SERINET. L'anonyme est peut-être un
rival.

COQUARDON. C'est mon neveu, j'en suis
sûr à présent; le gaillard aura déguisé son
écriture.

SERINET. Je le crois comme vous.

COQUARDON. Continuez, s'il vous plait.

SERINET, *lisant.* » Aujourd'hui, encore,
» il a pour maîtresse une jeune femme
» qu'il a enlevée à son mari. » (*Riant.*) Ah!
ah! ah! bien! ah! bien!

COQUARDON. Vous riez de ça, M. Serinet?

SERINET. Oui, je ris; ah! ah! ah!.. j'é-
prouve une joie féroce... encore un mari
trompé!.. Et l'autre imbécile qui va épouser votre fille!.. ça fait deux imbécilles!..
tant mieux, il n'y a pas de mal, chacun
son tour... c'est dans l'ordre des choses.
(*Riant.*) Ah! ah!

COQUARDON. Il va l'épouser!.. il va l'é-
pouser!.. Est-ce tout?

SERINET. Écoutez la suite. (*Lisant.*)
« Vous ne douterez pas de ce que j'avance,
» quand vous connaîtrez la personne!..
(*S'interrompant.*) Bon! nous allons connaître la personne.

COQUARDON. Au fait, ça devient réjouis-
sant.

SERINET. Oui, ça devient très réjouis-
sant. — *lisant.* « Cette femme se nomme
» Adélaïde. » (*A part.*) Ah! mon Dieu!

COQUARDON. Adélaïde.

SERINET. Je crois que j'ai mal lu, j'aurai mal lu.

COQUARDON, *regardant.* Non; il y a bien
Adélaïde. (*Il prend la lettre et continue.*)
« Et son mari, Serinet, accordeur de pia-
« nos. » Grand Dieu! c'est vous!

SERINET. C'est moi!.. c'est moi-même!
Ah! brigand de Philibert! je vais donc te
connaître, à la fin!.. c'est donc toi qui m'as
ravi... mon parapluie!

COQUARDON. Je ne puis croire encore
que Philibert...

SERINET. Je crois, moi; où est-il? où
loge-t-il?.. indiquez-moi sa demeure, que
j'aille l'agonir, je veux l'agonir.

COQUARDON. Ne vous enlevez pas, Serinet.

SERINET. Comment que je ne m'enlève
pas!.. quand depuis plus de quinze jours il
me laisse exposé à toutes les intempéries
de la nature et de la société.

COQUARDON. Sans doute, les faits sont
positifs, cependant il ne faut pas le condamner sans l'entendre...

SERINET. Au contraire, au contraire,
c'est que je le condamne sans l'entendre.

COQUARDON. Je cours chez lui... et s'il
ne se justifie pas, je trouverai facilement
un autre gendre... mes moyens me le permettent.

SERINET. Mais moi, où trouverai-je un
autre parapluie?.. mes moyens ne me le
permettent pas.

COQUARDON. Promettez-moi de m'attendre ici, et ensuite vous ferez ce que
vous voudrez; y consentez-vous?

SERINET. Eh bien! soit!.. mais dépêchez-vous, car j'ai les nerfs dans un état à
fendre les pierres.

COQUARDON. Je reviens tout de suite.
Il sort.

SCÈNE XV.
SERINET, *puis* HONORÉ.

SERINET, *seul.* Ah! Philibert!.. ah!
Philibert! tu ne peux plus l'échapper!.. et
quand tu te cacherais dans les carrières de
Montmartre... mais une réflexion... en entrant ici tout à l'heure, cet individu qui bai-
sait la main de la fille Coquardon, si c'était
Philibert?.. il est là, dans ce cabinet... oh!
Dieu!.. il me vient des idées de meurtre et
de carnage.

HONORÉ, *paraissant. Il tient le parapluie
apporté par Philibert.* M. Coquardon ne
revient pas; ma foi, je retourne au bureau
malgré le mauvais temps.

SERINET. Le voilà!

HONORÉ. Je me suis permis d'emprun-
ter ce parapluie, que j'ai trouvé dans le cabinet...

SERINET. Mon rifflard!.. mon rifflard!..
plus de doute, c'est Philibert!..

HONORÉ. Je le rapporterai ce soir.
Il va pour sortir.

SERINET, *lui barrant le passage.* Tu ne
sortiras pas!.. tu ne sortiras pas!..

HONORÉ. Que me voulez-vous, mon cher?

SERINET. Te voilà donc, enfin, misérable!.. laisse-moi te regarder en face, que je te dévisage. (*Il le regarde.*) Mais c'est qu'il n'est pas beau, voilà le comble de tout!.. s'il était beau, je dirais il est beau, c'est une excuse; mais non, son physique est humiliant au dernier point.

HONORÉ. Monsieur, je me flatte d'entendre la plaisanterie, cependant je trouve déplacé qu'un simple inconnu...

SERINET. Un inconnu!.. tu vas me connaître!.. Serinet!

HONORÉ. Connais pas!

SERINET. Accordeur de pianos!

HONORÉ. Connais pas!

SERINET. Rue de la Harpe!

HONORÉ. Connais pas!

SERINET. L'époux d'Adélaïde!

HONORÉ. Connais pas!

SERINET. Connais pas!.. mais tu as mon parapluie, infâme gueusard! diras-tu encore connais pas!.. nieras-tu aussi mon parapluie?

HONORÉ. Est-ce que je sais s'il vous appartient?

SERINET. Puisque tu me l'as volé!

HONORÉ. Ah! ça, faites-moi l'amitié de me dire pour qui me prenez-vous?

SERINET. Je te prends pour un reptile!.. pour un pique-assiette!

HONORÉ. Ah! mais, ça commence à m'ennuyer... et si je ne me retenais...

Il lève le parapluie.

SERINET. Frappe!.. frappe!.. assassine-moi!.. mets le comble à tes crimes, porte ta tête sur l'échafaud!.. Ah! tu n'oses pas, tu crains l'échafaud, lâche que tu es! (*D'une voix caverneuse.*) l'échafaud... l'échafaud!

HONORÉ. Quel animal! tâchons de filer.

SERINET. Tu ne sortiras pas!.. rends-moi ma femme!.. où est-elle?.. où est elle?.. où est Adélaïde?

HONORÉ. Encore une fois, voulez-vous me laisser tranquille?

SERINET. Rends-moi ma femme!

HONORÉ. Allez au diable!

SERINET. Tu ne veux pas me rendre ma femme!.. eh bien! garde-là, ce sera ta punition! mais du moins, rends-moi mon parapluie; ma femme est coupable, mais mon parapluie... rends-moi mon parapluie!

HONORÉ. Eh! vous êtes fou!

SERINET. Ah! tu m'invectives!

Il prend le parapluie par le bout.

HONORÉ, *le retenant par la crosse.* Je m'obstine aussi; vous ne l'aurez pas!

SERINET. Veux-tu le lâcher, tout de suite!

HONORÉ. Je ne lâcherai pas!

SERINET, *tirant toujours.* Ah, le voleur! ah! le brigand!

⦾⦾⦾⦾⦾⦾⦾⦾⦾⦾⦾⦾⦾⦾⦾⦾⦾⦾⦾⦾⦾⦾⦾⦾⦾⦾⦾⦾

SCÈNE XVI.

Les Mêmes, IRÈNE.

IRÈNE, *accourant.* Eh bien! Messieurs, qu'y a-t-il donc? quel tapage!..

HONORÉ. Irène, à présent!

SERINET, *tenant toujours le parapluie.* Venez, mademoiselle! venez, que je le confonde en votre présence!

HONORÉ. Irène, ne l'écoutez pas, c'est un insensé.

SERINET. Tais-toi, cannibale! tais-toi; je te méprise!.. oui, mademoiselle, cet homme qui vous fait la cour, c'est un filou!.. tu n'es qu'un filou!.. il a profité d'un jour où il pleuvait pour prendre ma femme... un vil adultère, qui vit publiquement depuis quinze jours avec mon parapluie!

IRÈNE. Ah! mon Dieu!

SERINET. Et vous l'épouseriez?.. jamais!.. d'abord, je sais que vous ne pouvez pas le souffrir, je le tiens de bonne source; d'ailleurs, je lui en ménage bien d'autres; oh! je t'en ménage bien d'autres. M. Coquardon est instruit de la chose.

HONORÉ. M. Coquardon?

SERINET, *lâchant le parapluie.* Va! tu ne peux pas m'échapper!.. je cours chercher une preuve, ta lettre, ta chienne de lettre! et après ça je ne te quitte plus!

ENSEMBLE.

SERINET.

Air: *Moi souffrir une offense.*

Contre toi, monstre infâme!
Oui, je dois m'acharner.
L'échafaud te réclame,
Et je veux t'y traîner.

HONORÉ.

Sors d'ici, monstre infâme!
Ou je vais t'échiner.
Charenton te réclame,
On devrait t'y traîner.

IRÈNE.

Il demande sa femme,
Que dois-je soupçonner...
C'est un trait bien infâme
Qu'on ne peut pardonner.

SCÈNE XVII.

Les Mêmes, PHILIBERT.

PHILIBERT, *suite de l'air.*
D'où vient un pareil bruit?

SÉRINET, *à Honoré.*
Tu seras au carcan !

Apercevant Philibert.
Ah! c'est vous ! enchanté.

HONORÉ.
Subir un tel outrage !

SÉRINET , *à Philibert.*
Par vous, j'ai tout appris. (*A Honoré.*) Tu n'es qu'un
[vrai ch'napan.

IRÈNE.
Mais je n'y comprends rien.

PHILIBERT.
Et moi, pas davantage.

SÉRINET, *à Philibert.*
Si vous saviez combien je vous suis obligé.
Ami !.. c'est grâce à vous, que je serai vengé !..

ENSEMBLE.

Contre toi, monstre infâme! etc.

HONORÉ.
Sors d'ici, monstre infâme ! etc.

IRÈNE.
Il demande sa femme, etc.

PHILIBERT.
Le courroux qui l'enflamme !
Doit ici m'étonner.
Qu'ont-ils donc ? sur mon ame,
Je ne puis deviner.

Scrinet sort vivement par le fond.

SCÈNE XVIII.

HONORÉ, IRÈNE, PHILIBERT.

PHILIBERT. Ah! ça, que me veut donc cet original !..

HONORÉ. Est-ce que je le sais ?.. ce butor-là m'accable depuis une heure d'injures, sans que j'y comprenne rien.

IRÈNE. Cependant, monsieur, ce qu'il vient de dire est assez clair ; votre conduite est affreuse !

PHILIBERT, *à part.* Qu'entends-je ?

HONORÉ. Mais ma cousine, cet homme est en démence, dans une démence complète.

IRÈNE. Non, monsieur, je le connais ; je l'ai vu plusieurs fois chez madame Duplan, et je sais à quoi m'en tenir sur son compte.

HONORÉ. Ah! vous le connaissez ?.. c'est donc vrai, ce qu'il disait tout à l'heure, que vous ne pouviez pas me souffrir, et qu'il le tenait de bonne source ?..

PHILIBERT. Eh bien! eh bien! de la brouille entre vous... entre deux amans qui s'adorent!

IRÈNE. Je n'aimerai jamais un homme qui a des intrigues.

HONORÉ. Ni moi, une coquette.

PHILIBERT. Allons, mes amis, un peu d'indulgence, suivez mes conseils... j'ai le droit de vous en donner, après avoir sacrifié mon amour.

IRÈNE. Vous avez eu tort, M. Philibert ; car c'est vous seul que j'estime, et je suis prête à vous épouser.

HONORÉ La perfide !

PHILIBERT, *à part.* Diable! un instant! ce n'est plus ça du tout.

IRÈNE. Mon père va rentrer, et je veux le déclarer devant lui.

PHILIBERT. Permettez... je ne crois pas avoir le temps de l'attendre... j'étais entré, en passant, je ne sais trop pourquoi... Ah! si fait !.. c'était pour chercher mon parapluie... justement celui que vous tenez là, M. Honoré.

HONORÉ. Ce parapluie est à vous ?

PHILIBERT. Sans aucun doute...

HONORÉ. Il est donc à tout le monde... on vient de me le réclamer tout à l'heure.

PHILIBERT, *vivement.* M. Coquardon pourra vous le dire lui-même, M. Coquardon peut vous le certifier, c'est mon parapluie.

HONORÉ, *le lui rendant.* Ça suffit... je vous connais... le voilà. (*A part.*) Je ne peux pas supposer qu'il veuille *faire* le parapluie.

PHILIBERT. Adieu, mes amis ; faites la paix... trop heureux si votre bonheur est mon ouvrage.

Il va pour sortir.

SCÈNE XIX.

Les Mêmes, COQUARDON.

COQUARDON , *l'arrêtant.* Ah ! je vous trouve enfin, Philibert ! j'arrive de chez vous.

PHILIBERT, *à part.* Que le diable l'emporte !

COQUARDON. J'en ai appris de belles, sur votre compte, monsieur.

PHILIBERT, *à part.* Bon! il a reçu ma lettre.

COQUARDON. J'espère qu'il vous sera facile de vous disculper, car sans cela...

PHILIBERT. Papa Coquardon, ne prenez pas votre air sévère ; ça ne va pas du tout à votre figure ; croyez-moi, vous êtes un bon homme.

Il lui tape sur le ventre.

COQUARDON. Monsieur, je vous prie de ne pas me taper sur le ventre, je l'ai naturellement très sensible.

PHILIBERT. Bah ! ce pauvre papa Coquardon.

Il lui tape de nouveau.

COQUARDON. Encore !.. ça devient indigeste.

PHILIBERT. Vous disiez donc, beau-père, qu'on fait des cancans sur ma conduite.

COQUARDON. Il s'agit, monsieur, des inculpations les plus graves.

PHILIBERT. Ecoutez, beau-père, si vous avez l'intention de rompre avec moi, vous êtes libre... je ne vous retiens pas... personne n'est irréprochable. Croyez-vous qu'il n'y ait rien à dire sur votre demoiselle.

COQUARDON. Comment ?

IRÈNE. Sur moi ?

PHILIBERT. Ne l'ai-je pas encore tout à l'heure trouvée en tête-à-tête avec son cousin.

HONORÉ. Qu'est-ce que ça prouve ?

COQUARDON. Au fait, mon neveu, pourquoi êtes-vous ici avec ma fille ? ça ne me convient pas.

HONORÉ. Mais, mon oncle, je vous attendais ; j'ai d'excellentes nouvelles.

COQUARDON. De ma ferme de Crève-Cœur ?

HONORÉ. Payée, mon oncle, payée intégralement.

PHILIBERT, à part. Qu'est-ce que j'entends ?

COQUARDON. C'est un coup du ciel !.. ou plutôt de la compagnie du soleil.

PHILIBERT. Votre ferme était donc assurée ?

COQUARDON. Pour un tiers de plus que sa valeur.

PHILIBERT, à part. Ah ! maladroit !.. qu'est-ce que j'ai fait là ?

COQUARDON. Ce cher Honoré ! va, j'aurai soin de toi, maintenant que mes moyens me le permettent.

PHILIBERT, à part. Allons, du toupet. (Haut.) Beau-père, je prends part à ce qui vous arrive ; ça me raccommode avec la fortune ; on la calomnie, la fortune.

Air : *Que d'établissemens nouveaux.*

> Partout, je l'entends outrager,
> On l'accuse, en propos futiles,
> D'être injuste et de protéger
> Les fripons et les imbéciles.
> Mais elle découvre en tous lieux,
> Le mérite aussi bien qu'un autre ;
> Elle a même de très bons yeux,
> Puisqu'elle a distingué le vôtre.

COQUARDON. Vous me flattez !.. vous me flattez !.. Mais ne sortons pas de la question... (*Tirant une lettre de sa poche.*) On m'a écrit, monsieur ; j'ai entre les mains un billet foudroyant.

PHILIBERT. Un billet ! sans doute une lettre anonyme.

COQUARDON. C'est possible, mais on y parle de rapt, de séduction... on vous impute d'avoir pour maîtresse une certaine Adélaïde, l'épouse de M. Serinet, accordeur de pianos.

IRÈNE, à *Honoré.* Quoi ! c'était lui !

HONORÉ. Vous voyez comme tout se découvre.

PHILIBERT. J'ai des ennemis, vertueux Coquardon ; j'ai surtout un rival, que vous connaissez ; le voilà, et lui seul peut avoir écrit cette lettre jésuitique.

IRÈNE. Mon cousin ?..

HONORÉ. Quelle horreur !.. mais je vais le confondre ; voyons le billet. (*Prenant le billet des mains de Coquardon.*) Regardez, mon oncle, est-ce mon écriture ?

PHILIBERT. Parbleu ! vous l'aurez contrefaite !.. Cette Adélaïde est sans doute sa maîtresse, et il l'a mise sur mon compte.

IRÈNE. O ciel !.. il n'est que trop vrai.

COQUARDON. Que veux-tu dire ?

IRÈNE. Tout à l'heure, M. Serinet lui a fait devant moi une scène affreuse !

PHILIBERT. Vous l'entendez ! toutes les preuves sont contre lui.

HONORÉ. Ah ! j'étouffe de colère.

IRÈNE. Mon cousin, votre conduite est abominable.

HONORÉ. Je ne me contiens plus !.. M. Philibert, il faut que nous nous coupions la gorge !

PHILIBERT. C'est ça, voilà où il voulait en venir !

COQUARDON. Malheureux ! sors d'ici, tout de suite ; je te donne ma malédiction.

ENSEMBLE.

Air :

D'une telle insolence
Je ne puis revenir !
Ça mérite vengeance,
Et j'ai dû le punir !

HONORÉ.

Vous êtes en démence,
Mais d'oser, sans frémir,
Condamner l'innocence,
Le ciel doit vous punir.

PHILIBERT.

De ces lieux ma prudence,
Va le faire bannir.
Quel bonheur, quelle chance ;
Sachons nous contenir.

IRÈNE.

D'une douce espérance,
Oui, je dois m'abstenir.
Gardons-nous, par prudence,
D'un tardif repentir.

SCÈNE XX.

Les Mêmes, SERINET.

SERINET, *il entre en désignant Honoré.* Le voilà ! le voilà ! je le retrouve heureusement, cher ami, souffre que je me serre dans tes bras.

Il l'embrasse.

COQUARDON. En voici bien d'une autre.

HONORÉ, *se débattant.* Eh ! vous m'étouffez, le diable m'emporte !

SERINET. Non, non ! ne cherche pas à esquiver ma gratitude ; tu es le plus généreux des hommes... messieurs, vous voyez devant vous le plus généreux des hommes.

COQUARDON. Mon bon ami, ayez la bonté de vous faire comprendre, car jusqu'à présent.

SERINET. Oui, M. Coquardon ! ce matin, vous m'avez vu misanthrope... mon existence était brisée... j'étais comme un piano qu'on a jeté par la fenêtre... je ne rendais plus que des sons déchirans... lorsqu'en rentrant tout à l'heure dans mon domicile, j'y ai retrouvé, qui ?

COQUARDON. Votre parapluie?

SERINET. Mon épouse... mon Adélaïde.

PHILIBERT, *à part.* Adélaïde ! c'est donc là Serinet ! heureusement qu'il ne me connaît pas.

SERINET. Cette chère Adélaïde ! elle m'a sauté au cou, ce qui m'a d'abord étonné, parce qu'ordinairement elle me sautait plus haut... la surprise n'en a été que plus douce ; et à qui le dois-je? à qui dois-je tout ce bonheur? (*Montrant Honoré.*) à celui que j'accusais, à cet excellent Philibert.

COQUARDON. Philibert?

HONORÉ. Permettez ! vous êtes encore dans l'erreur du parapluie.

SERINET. Tais-toi, homme généreux ! laisse-moi publier tes vertus : Figurez-vous, M. Coquardon, que ma femme est très jalouse ; ma profession d'accordeur de pianos me met en relation avec une foule de jeunes femmes ; Adélaïde en séchait de dépit, c'est au point qu'elle avait résolu de se détruire par le fer ou par le feu ; elle a adopté ce dernier moyen, et un beau jour ; elle sortit pour se jeter à la rivière.

COQUARDON. Où diable veut-il en venir ?

SERINET. Il faut vous dire qu'elle avait emporté mon parapluie. (*Montrant Honoré.*) Monsieur, que voilà, passait heureusement dans les environs... il aperçoit sur le pont d'Iéna une jeune femme seule et appuyée sur le parapluie... non, sur le parapet, il court, il arrive, et la trouve noyée...

COQUARDON. Noyée?

SERINET. Dans les larmes ; il la console, la ramène jusqu'à sa porte, et retourne chez lui avec mon parapluie, qu'il avait oublié de lui rendre. (*Il va serrer la main à Honoré.*) Homme généreux, va !

PHILIBERT, *à part.* Sa femme lui a fait une histoire.

SERINET. Adélaïde, touchée du procédé de son cavalier, le pria de la conduire le lendemain chez une tante qu'elle possède en province, et dont je n'ai jamais entendu parler ; c'est ce qui donna lieu à cette missive qui fit éclore tous mes soupçons, vous savez.

COQUARDON. Oui, oui... Belle Adélaïde...

SERINET. Séchez vos chagrins...

COQUARDON. Demain sur le...

SERINET. Coup de deux heures, etc. Vous la savez aussi bien que moi. (*A Honoré, en lui donnant la lettre.*) La voilà cette missive, je vous la rends, homme généreux.

PHILIBERT, *à part.* Ah ! l'imbécile !

SERINET. Oui ! on ne saurait trop le répéter... homme généreux ! c'est toi qui as triomphé de mon humeur noire, c'est grâce à toi que j'ai retrouvé le bonheur, et que j'ai senti renaître dans mon cœur l'amour de mes semblables.

Air *de Lantara.*

J' voudrais, tant mon ame est contente,
Voir les mortels tous vivre cinq cents ans,
Tous avec neuf cent livres de rente,
Et tous pèr's d'un' douzain' d'enfans,
Comm' leurs papas tous gros, gras, bien portans.
Oui, l'univers pour moi chang' de figure,
D'agrémens je le trouve pétri ..
Je ne r'connais plus la nature,
Et l'genr' humain me semble très joli.
Oui, sous l'velours, ainsi que sous la bure,
L'homme le plus laid me paraît fort joli,
Vous, Coquardon, vous m'semblez très joli.

A propos, homme généreux!.. qu'as-tu fait, veux-tu me permettre de vous tutoyer, qu'as-tu fait de mon parapluie?

HONORÉ, *désignant Philibert.* Demandez à monsieur, il prétend qu'il lui appartient.

SERINET. Celui-là... il aurait l'effronterie...

PHILIBERT. Non, M. Serinet, ce parapluie est bien à vous, et je vous prie de croire que je n'y tiens en aucune façon.

Il le lui rend.

SERINET, *le prenant vivement.* A la bonne heure!.. être sans délicatesse! car je le dis devant vous, M. Coquardon, quoiqu'il soit votre neveu, c'est un être sans délicatesse.

COQUARDON. Mon neveu ?.. mais mon cher monsieur...

SERINET. Ne le défendez pas; c'est lui qui a écrit une lettre anonyme contre Philibert.

COQUARDON. Contre Philibert !

SERINET. Je l'ai vu ici même, consommer cette diatribe.

PHILIBERT, *à part.* C'est une trahison.

HONORÉ, *qui a examiné le billet.* Mais en effet, cette lettre est de la même écriture que l'autre, voyez plutôt.

Il lui présente le billet.

COQUARDON, *qui l'a regardé.* O ciel!.. en croirais-je mes lunettes?

PHILIBERT, *à part.* Tout est perdu !

COQUARDON. Quoi, monsieur, vous auriez empoyé un pareil subterfuge... vous, Philibert.

SERINET, *qui examine son parapluie.* Vous voulez dire Honoré. (*A Philibert.*) Vous, Honoré, vous vous êtes deshonoré.

COQUARDON. Non, non!.. Philibert.

SERINET, *montrant Honoré.* Lui?

COQUARDON, *montrant Philibert.* Non, lui!

SERINET. Mais c'est donc celui-là qui est mon ami!.. vous me laissez faire des amitiés à l'autre, tandis que c'est celui-là... moi, qui l'accablais de sarcasmes.

Il va lui donner la main.

PHILIBERT. Il n'y a pas de mal, il n'y a pas de mal.

COQUARDON. Ma parole d'honneur, si je conçois... il y a une telle complication que mes moyens ne me permettent pas...

HONORÉ Je vous expliquerai ça, mon oncle, car je crois deviner maintenant.

IRÈNE. Et moi aussi, je devine; et monsieur Philibert doit sentir ce qui lui reste à faire.

PHILIBERT. Ah! parbleu! ça ne sera pas difficile.

SERINET. Dites donc, ils ont l'air de vous, c'est-à-dire de t'humilier... voulez-vous me permettre de te tutoyer... Ils ont l'air de t'humiler; si vous m'en croyez tu laisseras là la famille des Coquardon... des gens de rien, des réputations à vingt-deux sous.

COQUARDON. Monsieur, de pareils propos...

SERINET. De quoi!.. vous n'êtes qu'un vieux fricoteur! venez, Philibert, venez dîner avec nous, ça nous fera plaisir, et ça ne vous coûtera pas vingt-deux sous.

PHILIBERT. Je vous remercie, mais...

SERINET. Vous viendrez, je ne te lâche pas; il pleut encore, mais voici mon parapluie.

Ils font quelques pas pour sortir.

COQUARDON. Un instant, Philibert, et mes dix mille francs ?

SERINET. Qu'est-ce que tu lui demande encore ?.. c'est-à-dire, non... je ne veux pas vous tutoyer, toi!.. j'en réponds de tes dix mille francs.

COQUARDON. Et sur quoi, s'il vous plait?

SERINET. Vous allez l'apprendre. (*Au public.*) Vous l'entendez, messieurs, cet usurier a la bassesse de réclamer dix mille fr. à l'homme généreux; c'est à mon tour de l'être... généreux; malheureusement je n'ai pas de monnaie, mais je possède un objet de luxe, et je profite de l'occasion qui se présente pour le mettre en loterie, afin de garantir la somme. Dès demain, il sera déposé au bureau des cannes, ainsi que mon épouse, qui se chargera d'en développer le mécanisme avec la manière de s'en servir. (*Ouvrant son parapluie.*) Parbleu, je ne veux pas vous faire languir.. Voilà l'objet. (*Attirant Philibert sous le parapluie.*) Viens, ce sera plus attendrissant.

Air ; *Tout lo long de la rivière.*

Vous voyez ce fidele abri,
A l'infortune d'un ami,
Lorsque sans regrets je l'immole,
Pourriez-vous r'fuser une obole ?
Messieurs, c'est une tombola,
Ma Laïde y présidera.
Prenez donc, prenez, des billets par série,
Et vous verrez ma femme et mon parapluie.

TOUS

Prenez, Messieurs, prenez des billets de lot'rie,
Et vous verrez sa femme et son parapluie ;
Vous verrez sa femme et son parapluie.

FIN.

Imprimerie de J.-R. Mévnel, passage du Caire, 54.

www.ingramcontent.com/pod-product-compliance
Lightning Source LLC
LaVergne TN
LVHW051128060726
842526LV00006B/1961